24 liebe Wünsche für dich ♥

GROH

Ich wünsche dir eine fröhliche Adventszeit! Genieße gemütliche Stunden mit lieben Menschen und schöne Momente voll Kerzenschein und Plätzchenduft. Lass dich vom Weihnachtszauber mitreißen, so wird die Vorfreude auf das Weihnachtsfest von Tag zu Tag größer! Denn diese ganz besondere Stimmung gibt es nur einmal im Jahr …

ADVENT ZU FÜHLEN IST IMMER EIN GLÜCKSGEFÜHL.

FRIEDERIKE WEICHSELBAUMER

ICH WÜNSCHE DIR EINEN

beschwingten Start

IN DIE VORWEIHNACHTSZEIT.
GENIEßE SIE MIT ALLEN SINNEN!

Tannenduft und Herzenswärme – pures Glück zur Weihnachtszeit.

JEREMY A. WHITE

2

Kennst du das auch? Man riecht den Duft von Tannenzweigen und fühlt sofort diese ganz besondere Adventsstimmung. Hol dir dein kleines Stück Weihnachten nach Hause. Viel Spaß beim *Dekorieren und Schmücken!*

WEIHNACHTEN
LIEGT IN DER LUFT,
MIT SÜSSEM
PLÄTZCHENDUFT.

ANGELIKA EMMERT

Endlich Plätzchenzeit!

ES DARF WIEDER GENASCHT, GEBACKEN, VERZIERT UND VERSCHENKT WERDEN. PROBIER DICH DURCH ALL DIE SÜSSEN VERFÜHRUNGEN UND LASS ES DIR SCHMECKEN!

VIELLEICHT HOLST DU DIR HEUTE EINEN BARBARAZWEIG INS HAUS,

damit er bis Weihnachten Blüten trägt und
so etwas Vorfreude auf den Frühling verbreitet.
Ich wünsche dir, dass die Freuden der Adventszeit
die dunkle Jahreszeit für dich erhellen und erst gar
keine Wintertristesse aufkommen lassen.

DIE ADVENTSZEIT BEGINNT IN *den Herzen* EINES JEDEN MENSCHEN.

GUDRUN KROPP

Ich wünsche dir, dass du im Advent
jeden Tag die Gelegenheit findest, den Zauber
von Weihnachten in deinem Herzen zu spüren.
Denke an all die schönen Dinge,
die zur Vorweihnachtszeit dazugehören –
Lichterglanz und Tannengrün genauso
wie Zeit mit lieben Menschen und
DIE VORFREUDE AUF DAS GROßE FEST!

ICH WÜNSCHE DIR EINEN
schönen Nikolaustag!
HOFFENTLICH WARST DU
DIESES JAHR BRAV UND BEKOMMST
VIELE LECKEREIEN GESCHENKT.

SCHNEEFLÖCKCHEN, WEIẞRÖCKCHEN, WANN KOMMST DU GESCHNEIT?

HEDWIG HABERKERN

OB ES DIESES MAL WOHL WEIßE WEIHNACHTEN GEBEN WIRD?

Aber auch wenn es nicht klappt:
Die Adventszeit lässt sich bei jedem Wetter genießen!
Egal ob Sonnenschein oder Regenschauer –
Weihnachten ist, was wir daraus machen.
Also einfach nicht hinhören, wenn andere
über das Wetter meckern …

Weihnachten –
das sind Festtage,
die mir in freundlichem
Schimmer lange
ENTGEGENLEUCHTEN.

E. T. A. HOFFMANN

GLÜCKLICH IST DER,
DER AUCH ANDERE
GLÜCKLICH
MACHEN KANN.

CAROLA OTTERSTEDT

9

AUCH WENN ES IN DEN NÄCHSTEN WOCHEN ÖFTER MAL TURBULENT ZUGEHEN WIRD –

koste die Vorweihnachtszeit voll aus!
Geschenke besorgen, Feste planen, Plätzchen backen …
sollte es stressig werden, dann denke an das Leuchten
in den Augen der Menschen, denen du deine Zeit
und Aufmerksamkeit schenkst. Ist es nicht genau das,
was diese ganz besondere, einzigartige
Adventsstimmung ausmacht?

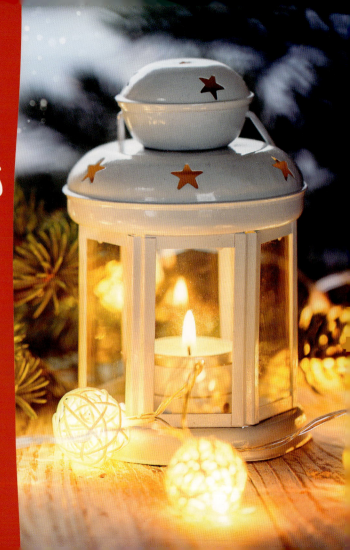

DAS LICHT IST EIN SYMBOL DES LEBENS UND DER FREUDE.

HONORÉ DE BALZAC

10

JETZT WERDEN DIE TAGE IMMER KÜRZER,
BALD IST DIE LÄNGSTE NACHT DES JAHRES DA.
ZÜNDE KERZEN UND LICHTER AN,
UM DIE DUNKELHEIT ZU VERTREIBEN,
DANN WIRD DEINE GUTE LAUNE
JEDEN DÜSTEREN GEDANKEN ÜBERSTRAHLEN!

Die Musik drückt aus,
WAS NICHT GESAGT WERDEN KANN
UND WORÜBER ZU SCHWEIGEN
UNMÖGLICH IST.

VICTOR HUGO

HAST DU SCHON ALLE GESCHENKE BESORGT?

Ich wünsche dir viel Spaß beim Auswählen und Verpacken! Schließlich ist das Schenken an Weihnachten mindestens genauso schön, wie Geschenke zu bekommen. Bist du auch schon gespannt, was deine Liebsten zu deinen Überraschungen sagen werden?

ICH WÜNSCHE DIR
EINE ADVENTSZEIT
VOLLER BUNTER,
SCHÖNER
ÜBERRASCHUNGEN!

MANCHMAL GENÜGT SCHON
eine Kleinigkeit
UND DER GANZE TAG LEUCHTET
IN HELLEREM LICHT.

INGRID KOLLER

DASS DU INMITTEN DES WEIHNACHTSTRUBELS AUCH MAL ZEIT FÜR RUHIGE STUNDEN FINDEST,

das wünsche ich dir. Nach einer
gemütlichen Auszeit kannst du dich
mit umso mehr Freude in
den Adventstrubel stürzen!

Frieden und Wohlwollen

IN SEINEM HERZEN ZU HALTEN,
FREIGIEBIG MIT BARMHERZIGKEIT
ZU SEIN, DAS HEISST, DEN WAHREN GEIST
VON WEIHNACHTEN IN SICH ZU TRAGEN.

CALVIN COOLIDGE

16

ICH WÜNSCHE DIR
FÜR JEDEN TAG DER ADVENTSZEIT
EINE GROSSE PORTION KINDLICHER
*Begeisterung
und Neugier!*

GESCHENKE
DES HERZENS KOMMEN
ÜBERALL GUT AN.

FRIEDERIKE
WEICHSELBAUMER

17

ZAUBERE MIT DEINER GUTEN LAUNE
AUCH ANDEREN MENSCHEN
ein Lächeln ins Gesicht.
GERADE JETZT IM ADVENT KANNST DU
MIT KLEINEN GESTEN UND LIEBEN WORTEN
JEDE MENGE WEIHNACHTSZAUBER VERBREITEN!

AUS DER FERNE
DIESEN WUNSCH:
GLÜCKLICHE STERNE
UND GUTEN PUNSCH!

THEODOR FONTANE

WIE WÄRE ES MAL WIEDER MIT EINEM BESUCH AUF DEM WEIHNACHTSMARKT?

Eine heiße Tasse Glühwein hilft
gegen kalte Nasen und klamme Finger. Und nirgendwo
sonst kommt man so gut in Weihnachtsstimmung
wie zwischen hübsch dekorierten Ständen,
Weihnachtsmusik und lachenden Gesichtern.

Ich wünsche dir, dass du
die Weihnachtszeit mit all den
lieben Menschen genießen kannst, die dir
am Herzen liegen. Vielleicht kannst du
sie nicht immer persönlich treffen, aber
ein netter Anruf oder eine hübsche Karte
wird dir und den anderen

EIN LÄCHELN SCHENKEN.

Traditionen BLEIBEN BESTÄNDIG, WENN WIR SIE KREATIV GESTALTEN.

PATRICE JEANCOURT

20

ICH WÜNSCHE DIR,
DASS DIE WEIHNACHTSTAGE
SCHÖNE KINDHEITSERINNERUNGEN
IN DIR WECKEN. LASS DICH ABER
AUCH AUF NEUES EIN UND SCHAFFE DIR
GEMEINSAM MIT DEINEN LIEBSTEN
eigene Traditionen.

HEILIGABEND RÜCKT IMMER NÄHER. HAST DU SCHON DEN BAUM BESORGT?

Das Zimmer geschmückt? Die Geschenke eingepackt?
Es gibt noch so viel zu tun! Ich wünsche dir,
dass die Vorfreude stets den Stress
der nächsten Tage überwiegt. Mit der richtigen
Weihnachtsstimmung im Herzen
meisterst du den Endspurt mit links!

So wie ein Weihnachtsstern
über den Winter hinaus Blüten trägt,
so wünsche ich auch dir, dass du
nach dem Weihnachtsfest den Zauber
dieser besonderen Zeit noch lange
in deinen Gedanken bewahren

UND DICH DARAN ERFREUEN WIRST.

WENN WEIHNACHTEN NÄHER KOMMT,
DANN WIRD ES HELLER IN UNSEREM LEBEN
UND DIE WEIHNACHTLICHE ERWARTUNG,
sie ist wie schöne Musik.

RAINER KAUNE

DER GROßE TAG IST ENDLICH DA, ALLES IST VORBEREITET

und der Stress der letzten Zeit fällt langsam
von dir ab. Jetzt kann sich auch die nötige Ruhe
für einen besinnlichen Abend einstellen.
Ich wünsche dir und deinen Liebsten
ein fröhliches Weihnachtsfest!

Geschenke sollten von Herzen kommen.

Kleine Aufmerksamkeiten zu vielen Anlässen finden Sie auf:

www.groh.de
facebook.com/grohverlag
instagram.com/grohverlag

Die nachhaltige Waldbewirtschaftung und die verantwortungsvolle Gewinnung des Rohstoffs Papier ist uns ein Anliegen. Daher werden alle Buch- und Kalender-Neuheiten auf FSC®-Mix zertifiziertem Papier gedruckt.

GEBORGENHEIT

WÜNSCH
DIR WAS

FREUDE

EMOTIONEN
KLEINE
WUNDER

Ein frohes Fest

Liebe

SCHENKEN

Alle Jahre wieder beschert uns die Weihnachtszeit zahllose schöne Stunden. Der erste Schnee, ein Besuch auf dem Weihnachtsmarkt, gemütliche Stunden zu Hause bei Kerzenschein ... Doch das Schönste an Weihnachten ist sicherlich das Funkeln in den Augen der Beschenkten, denen wir mit großen und kleinen Aufmerksamkeiten eine Freude bereiten konnten. Und wir helfen Ihnen dabei – seit 1928.

Ihr Groh Team

Dieser Aufsteller entstand in enger Zusammenarbeit mit meinen Kolleginnen Moni Griebl und Marlen Kleinhans. Wir haben Ideen gesammelt, Gedanken sortiert, Texte verfasst und wieder verworfen, neu geschrieben und daran geschliffen, Zitate sorgfältig ausgewählt und geprüft, nach den schönsten Bildern gesucht und nicht aufgegeben, bis wir sie gefunden hatten. Mit unseren Grafikern haben wir die Gestaltung entwickelt und daran gefeilt, Cover und Farben abgestimmt und nicht locker gelassen, bis alle zufrieden waren. Wir haben uns über jedes Puzzlestück gefreut, das seinen Platz im großen Ganzen gefunden hat – und hier ist es nun: ein Geschenk, das von Herzen kommt.
Vielen Dank an alle Beteiligten.
Carolin Mandel

Idee und Konzept: GROH Verlag. Das Werk einschließlich seiner Teile ist urheberrechtlich geschützt. Jede Verwertung außerhalb der engen Grenzen des Urheberrechtsgesetzes ist ohne Zustimmung des Verlages unzulässig und strafbar. Das gilt insbesondere für Kopien, Einspeicherung und Verarbeitung in elektronischen Systemen.

Textnachweis: Wir danken allen Autoren bzw. deren Erben, die uns freundlicherweise die Erlaubnis zum Abdruck von Texten erteilt haben.

Bildnachweis: Cover u. S. 42: Getty Images/OJO Images/Tom Merton; S. 1: fotolia/dwph, fotolia/dwph, fotolia/dwph, fotolia/dwph, fotolia/dwph, fotolia/dwph, fotolia/dwph, fotolia/dwph, fotolia/dwph, fotolia/dwph; S. 2: stock.adobe.com/Floydine; S. 4: Colourbox.de/Alena Ozerova ; S. 6: Shutterstock/Natalia Ruedisueli; S. 7: fotolia/dwph; S. 8: Shutterstock/Ildiko Szanto; S. 10: Shutterstock/Glushchenko Nataliia; S. 11: fotolia/dwph; S. 12: Getty Images/PhotoAlto/Michele Constantini; S. 14: Shutterstock/SP-Photo; S. 16: Shutterstock/savitskaya iryna; S. 17: fotolia/dwph; S. 18: Getty Images/EyeEm/Daniel Kaesler; S. 21: fotolia/dwph; S. 22: stock.adobe.com/zaikina; S. 23: fotolia/dwph; S. 24: Getty Images/E+/Liliboas; S. 26: Getty Images/BJI/Blue Jean Images; S. 28: stock.adobe.com/wideonet; S. 30: Shutterstock/Nina Buday; S. 31: fotolia/dwph; S. 32: Shutterstock/Oksana Shufrych; S. 34: plainpicture/Elektrons 08, plainpicture/Elektrons 08; S. 35: fotolia/dwph; S. 36: stock.adobe.com/Floydine; S. 38: Getty Images/Moment/Dina Belenko Photography; S. 39: fotolia/dwph; S. 40: Shutterstock/Elena Pominova; S. 43: fotolia/dwph; S. 44: Getty Images/E+/Liliboas; S. 45: fotolia/dwph; S. 46: Shutterstock/Pixel-Shot; S. 48: Shutterstock/Magdalena Kucova; S. 50: Shutterstock/Ievgenii Meyer; S. 51: fotolia/dwph;

Layout: ki36 Editorial Design, Sabine Krohberger

24 liebe Wünsche für dich
ISBN 978-3-8485-2344-3
© GROH Verlag GmbH, 2019